Let's Learn the
ALEF BET

A Reading Readiness Book for
The Hebrew Primer
דֶּרֶךְ בִּינָה

by
Ruby G. Strauss

designed and illustrated by
Guy Brison-Stack

Behrman House, Inc.

א בּ ב ג ד ה
ו ז ח ט י כּ כ
ך ל מ ם נ ן ס
ע פּ פ ף צ ץ
ק ר שׁ שׂ תּ ת

Copyright © 1987 by Behrman House, Inc.

www.behrmanhouse.com

ISBN: 978-0-87441-439-4

Manufactured in the United States of America

Alef א

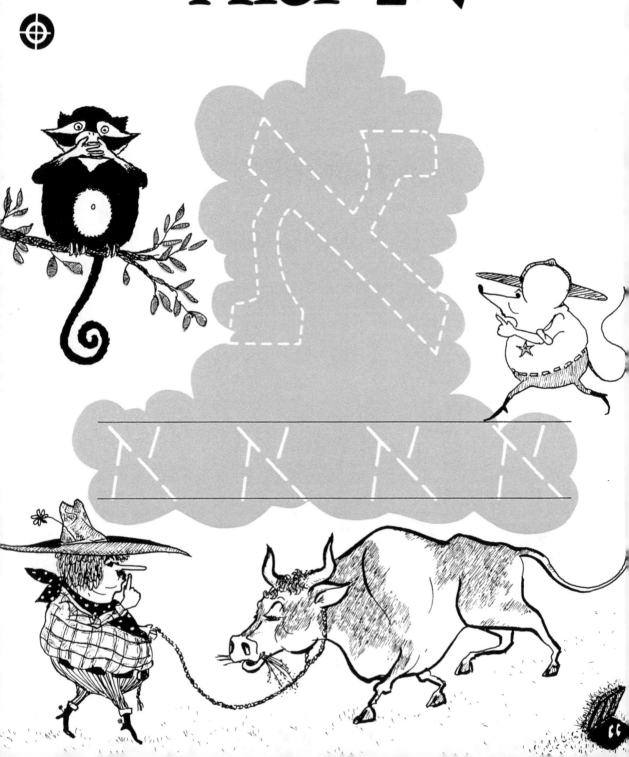

Vet ב Bet בּ

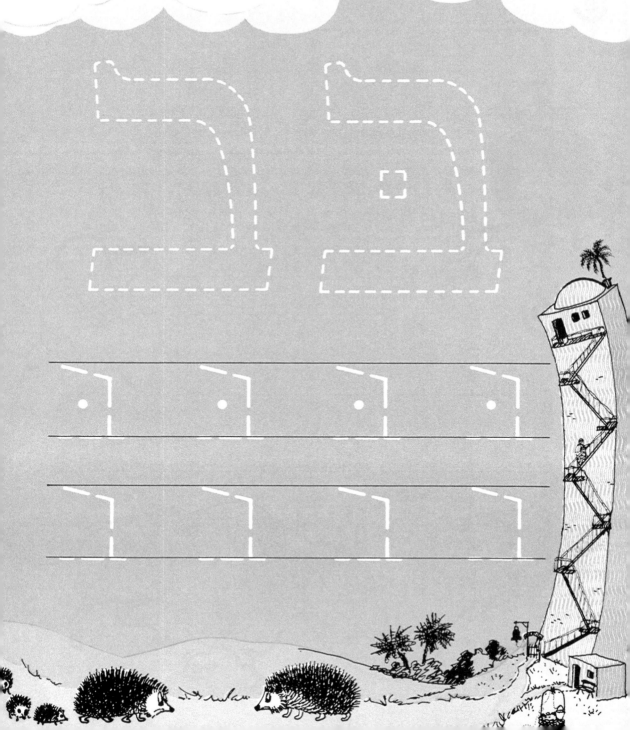

Connect the letters that are the same.

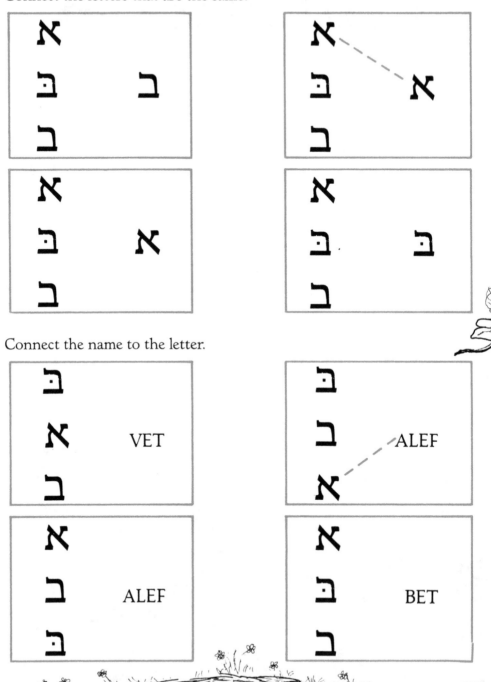

א	
בּ	ב
ב	

א	
בּ	א
ב	

א	
בּ	א
ב	

א	
בּ	בּ
ב	

Connect the name to the letter.

בּ	
א	VET
ב	

בּ	
ב	ALEF
א	

א	
ב	ALEF
בּ	

א	
בּ	BET
ב	

Gimmel ג

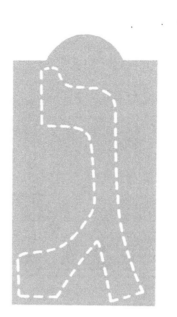

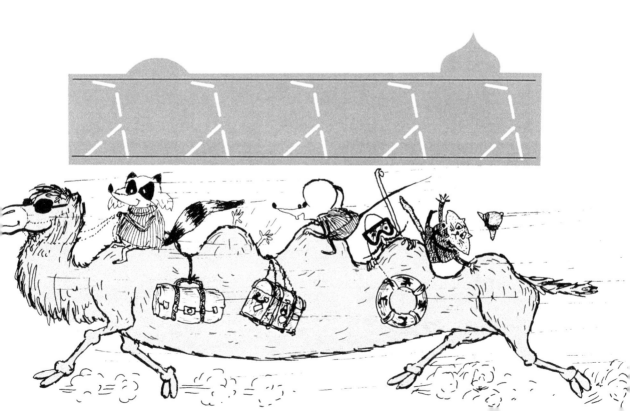

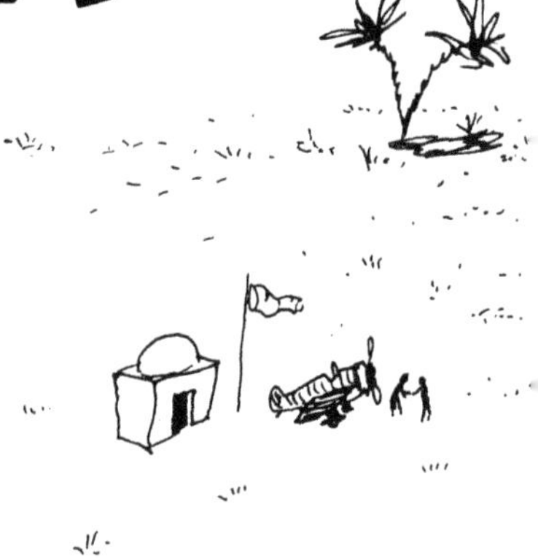

Circle the Hebrew letter named in the box.

ג	ב	בּ	א	GIMMEL	1
ג	ב	בּ	א	VET	2
ג	ב	בּ	א	ALEF	3
ג	ב	בּ	א	BET	4

Two letters on each line are the same.
Circle the twins.

א	ג	בּ	ג	ב	1
א	ג	ב	בּ	א	2
א	ב	בּ	ג	ב	3
בּ	ג	בּ	א	ב	4

Dalet ד

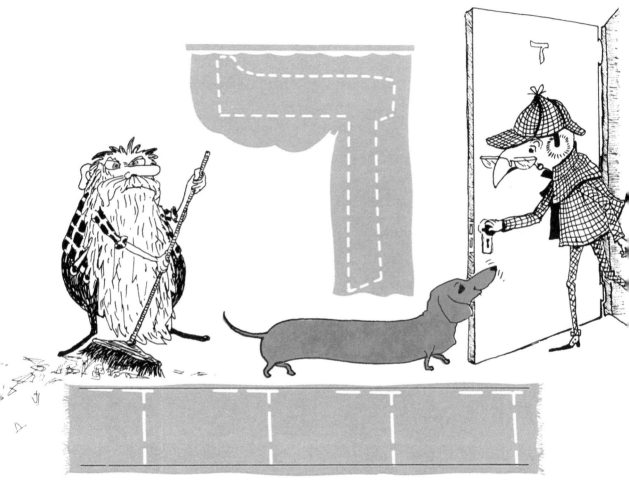

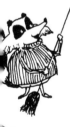

Connect the letter to its name.

VET GIMMEL DALET	ד
BET VET GIMMEL	ב
VET GIMMEL DALET	ג
ALEF BET VET	א

One letter on each line does not belong.
Circle the letter that is different.

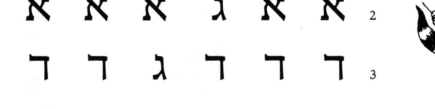

1 בּ בּ בּ בּ ב בּ

2 א א ג א א א

3 ד ד ד ג ד ד

4 ג ג ב ג ג ג

Circle the Hebrew letter with the same saying sound as the English letter in the box.

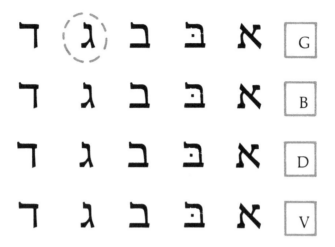

ד	ג	ב	בּ	א	G
ד	ג	ב	בּ	א	B
ד	ג	ב	בּ	א	D
ד	ג	ב	בּ	א	V

Hay ה

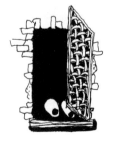

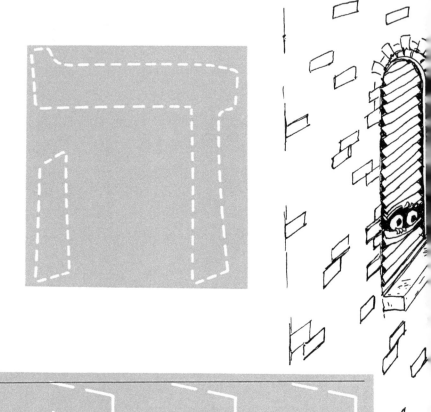

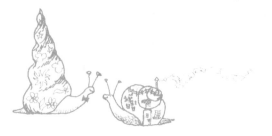

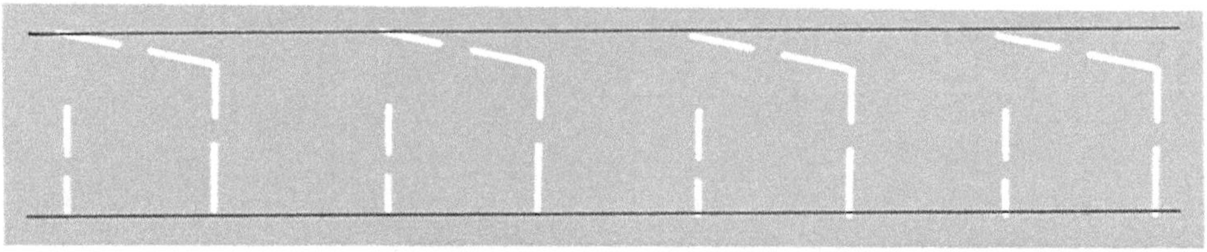

Circle the English letter with the saying sound of the Hebrew letter in the box.

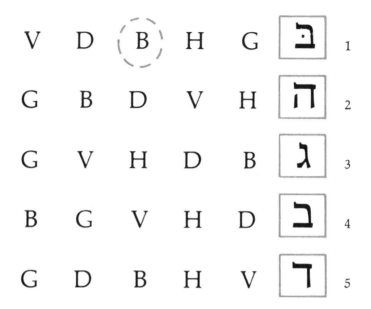

V	D	B	H	G	בּ	1
G	B	D	V	H	ה	2
G	V	H	D	B	ג	3
B	G	V	H	D	ב	4
G	D	B	H	V	ד	5

Say the name of each Hebrew letter.

א בּ ב ג ד ה

Connect each group of dots in the correct alef bet order.

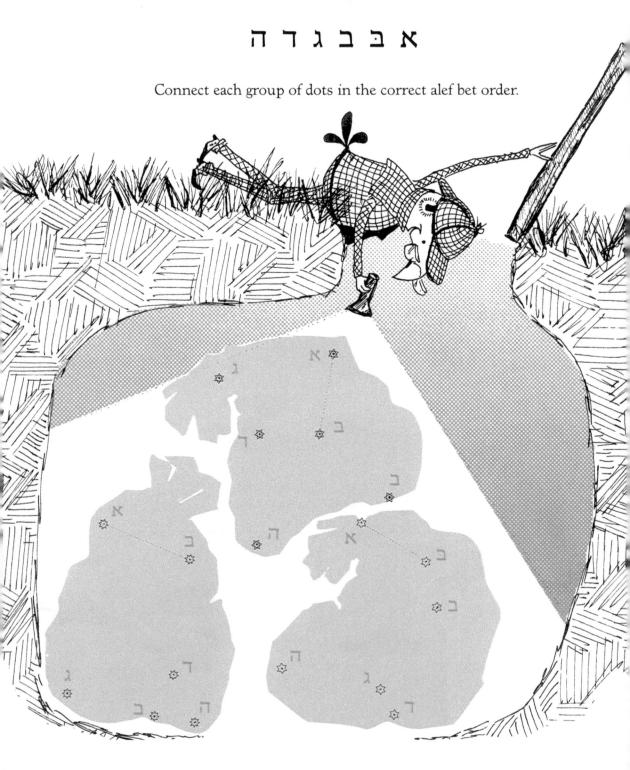

Vav ו

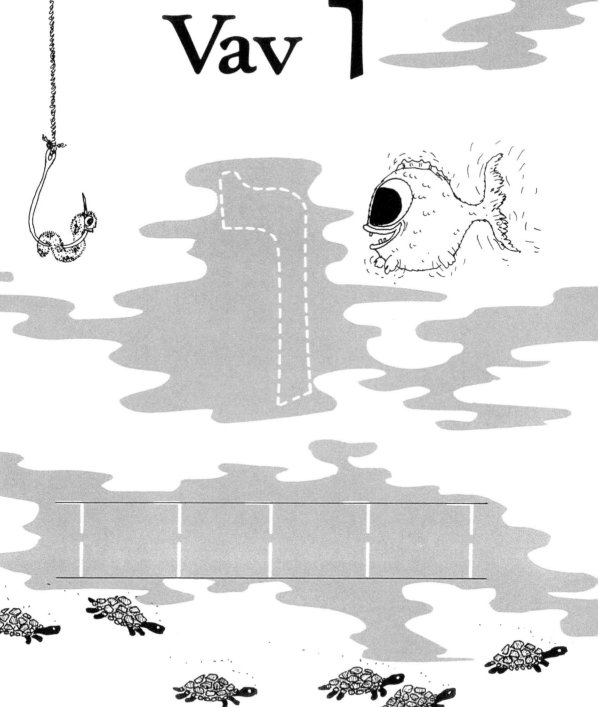

Two letters on each line are the same.
Circle the twins.

1 ד ב בּ א בּ ג

2 ו א ג א ה ד

3 ה ג ד ו א ג

4 בּ ב ד ג ד א

5 ב ו ד ו ה ג

Circle the English letter that has the sound of
the Hebrew letter in the box.

H B ד D V	V H ב B D	G B בּ D V
B G ג H D	V B ה D H	V D ו G B

Circle the name of each Hebrew letter.

HAY	ALEF	BET	א
BET	GIMMEL	VET	בּ
VAV	VET	DALET	ב
GIMMEL	VAV	HAY	ג
BET	ALEF	DALET	ד
HAY	GIMMEL	VAV	ה
DALET	VAV	BET	ו

Zayin ז

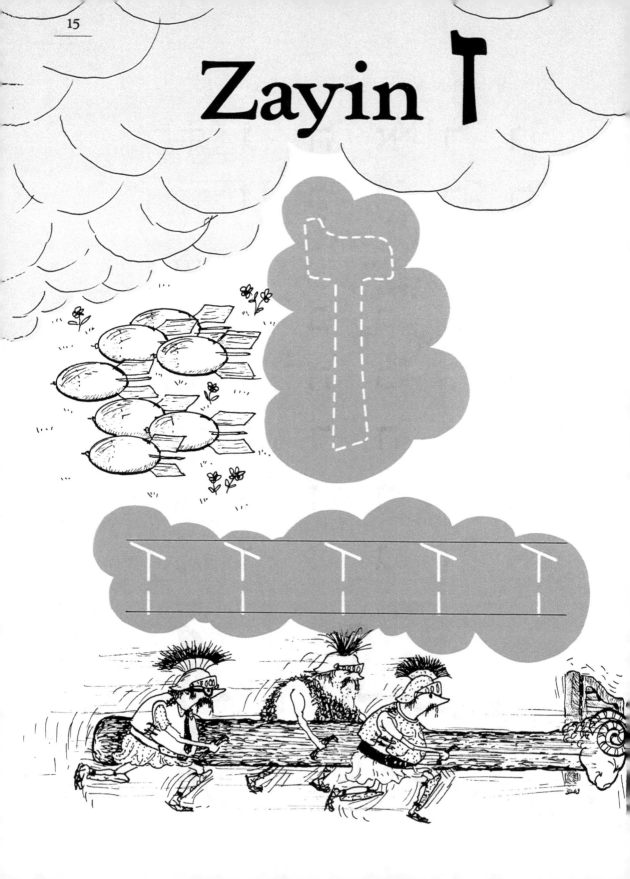

Circle the Hebrew letter named in the box.

ו	ד	א	ה	ג	ALEF
ה	ב	ו	בּ	ז	BET
ד	ב	א	ו	ג	VET
ג	א	ד	ב	ה	GIMMEL
ו	ג	בּ	ה	ד	DALET
ז	ב	ה	ד	א	HAY
ג	ו	ד	ז	ב	VAV
א	ד	ג	ז	ו	ZAYIN

Connect each letter to its saying sound.

D B ד Z	H G ג V	G H בּ B
D H ה B	B D ז Z	V Z ו G

Say the name of each missing letter.

א בּ ב ג ד ה ו ז

ב ג ד ה ___ ז ___ בּב

גד ___ בּב ___ ___ דה

Chet ח

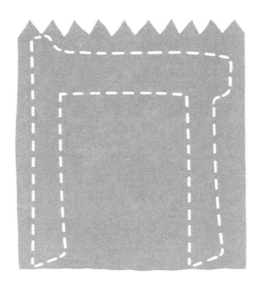

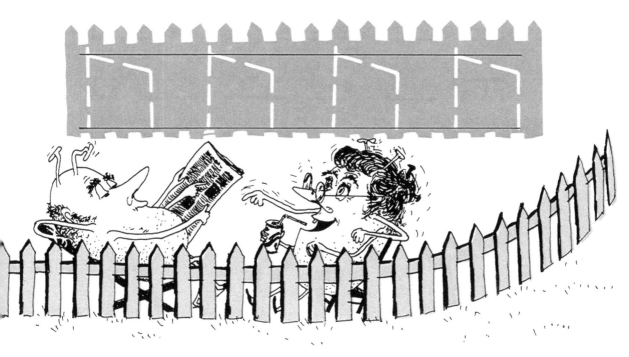

One letter on each line does not belong.
Circle the letter that is different.

1 ג ג ג ג ד ג

2 ה ח ה ה ה ה

3 ב ב ב בּ ב ב

4 ו ו ו ו ז ו

5 ד ד ז ד ד ד

Two letters on each line are the same.
Circle the twins.

בּ ב ח ב ה ו

ה ח ז ה א ד

ג ב א בּ ח א

ד ג ב ג א ה

ו ה ח ד ח ג

א ד ב ז ו ד

בּ ז ד ב בּ ו

ז ד ו ח ו א

ח ז ה ו ד ז

Tet ט

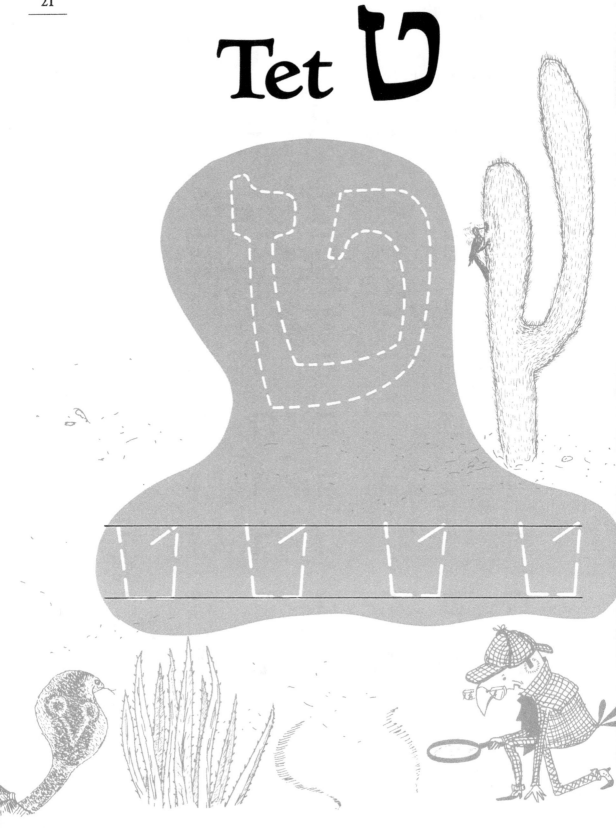

Circle the letters that are the same as the letter in the box.

א ט ב א א ח א

בּ בּ ב בּ ד ג בּ

ב ה ב ד ב ח ו

ג ו ז ג ט ג ג

ד ח ד ה ד ז ד

ה ה ח ה ד ט ה

ו ז ו ד ו ג ו

ז ז ד ז ו ז ח

ח ה ח ז ח ט ח

ט א ט ט ב ט ה

Circle the Hebrew letters that make the sound of the English letter in the box.

ד	ה	ג	ב	א	G
ו	בּ	ח	ד	ב	B
ה	ט	א	ו	ג	V
ט	ג	ב	ז	ח	T
א	ד	ט	ב	ה	H
ו	בּ	ד	ג	ז	D
ט	ז	ה	ו	ד	Z

Connect the name to the letter.

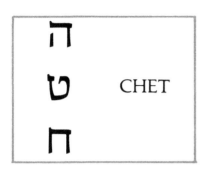

ה	
ט	CHET
ח	

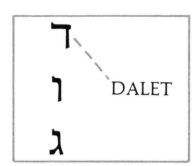

ד	
ו	DALET
ג	

ד	
ה	HAY
ח	

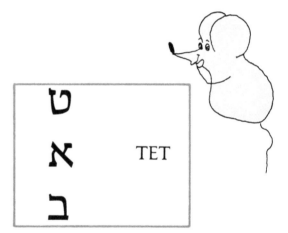

ט	
א	TET
ב	

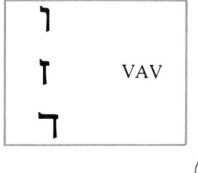

ו	
ז	VAV
ד	

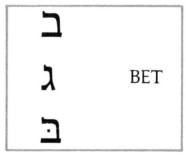

ב	
ג	BET
בּ	

Say the name of each Hebrew letter.

א ב ב ג ד ה ה ו ז ח ט

Connect each group of dots in the correct alef bet order.

Yud י

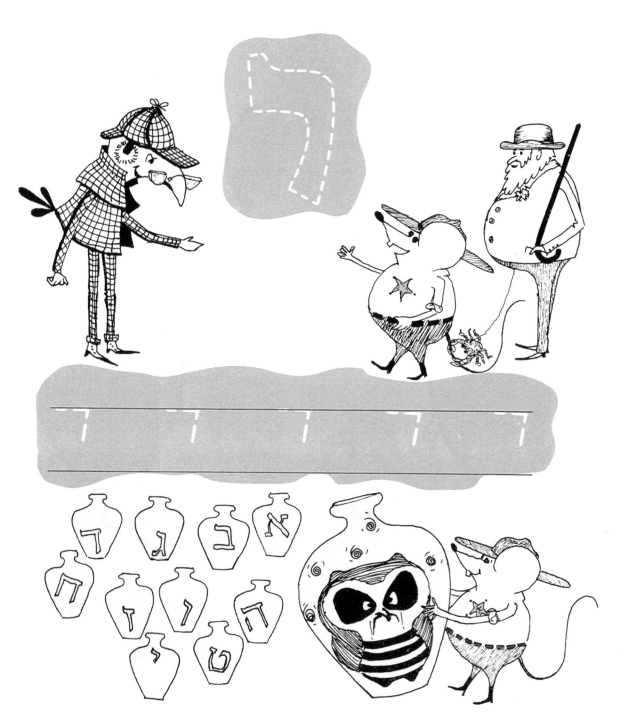

One letter on each line does not belong.
Circle the letter that is different.

א	א	⟨ט⟩	א	א	א	1
י	ו	י	י	י	י	2
ו	ו	ו	ז	ו	ו	3
ד	ז	ד	ד	ד	ד	4
ח	ה	ח	ח	ח	ח	5
א	א	א	א	א	ט	6
ז	ו	ז	ז	ז	ז	7

Connect the letters that are the same.

ח	
ב	ח
ה	

ד	
ז	ו
ו	

א	
ט	ט
ג	

י	
ו	י
ז	

ד	
ח	ה
ה	

ד	
ז	ז
ו	

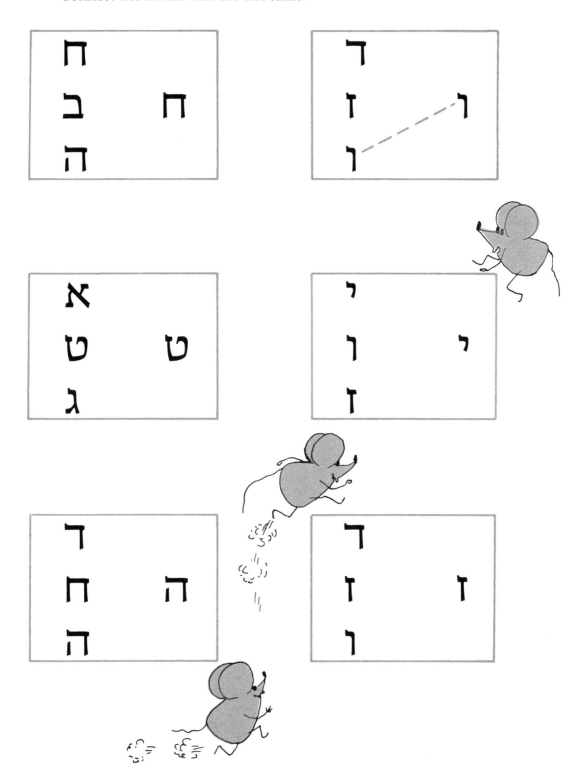

Circle the English letter with the sound of
the Hebrew letter in the box.

B	V	H	(G)	D	ג	1
Y	H	Z	V	G	ז	2
H	T	Y	G	V	ט	3
T	V	Z	Y	B	בּ	4
Y	G	T	V	B	י	5
G	Y	H	Z	D	ה	6
Z	T	G	B	V	ב	7
Y	D	H	V	Z	ד	8
H	Z	V	T	Y	ו	9

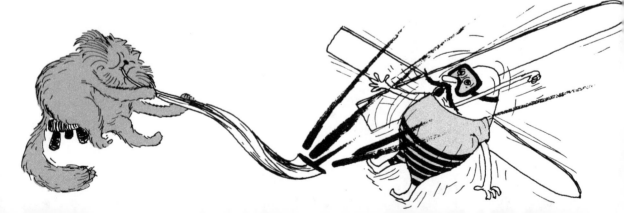

Kaf כּ

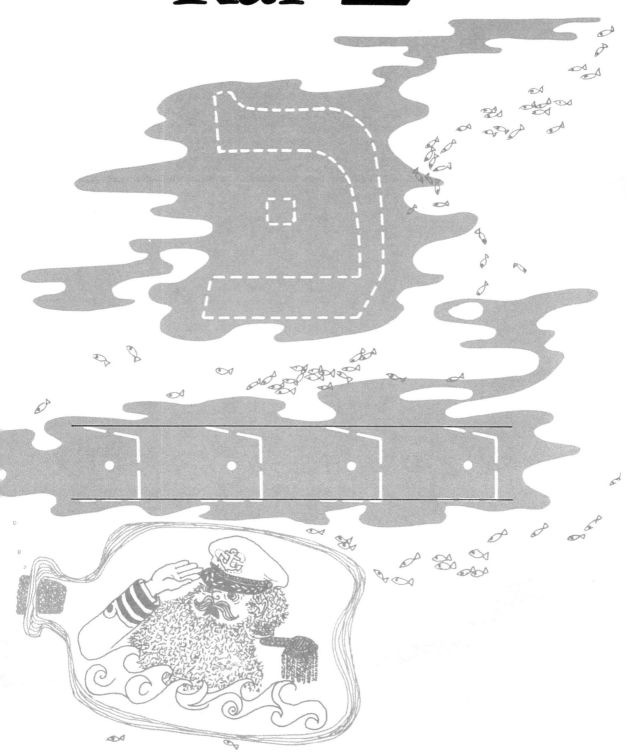

Two letters on each line are the same.
Circle the twins.

1 ט ב א ד א ה

2 ח ט ה ט י א

3 ו י ד ז ו ג

4 ז בּ י ו י ב

5 ה ח א ז ה ו

6 ד ח ה ו ח ט

7 ז ה א כּ בּ כּ

8 ד ז ג ב ה ד

Circle the English letter that has the sound of the Hebrew letter in the box.

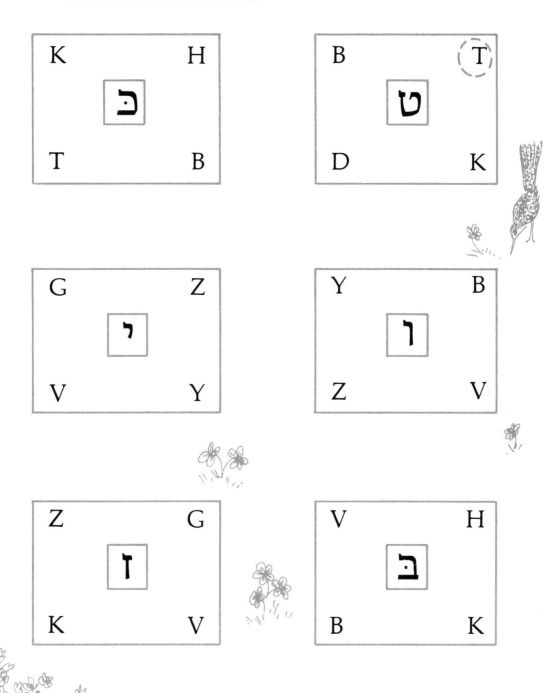

K		H
	כּ	
T		B

B		T
	ט	
D		K

G		Z
	י	
V		Y

Y		B
	ו	
Z		V

Z		G
	ז	
K		V

V		H
	בּ	
B		K

Circle the Hebrew letter whose name is in the box.

ג	ב	ד	א	ה	DALET
ב	כּ	ה	בּ	ח	KAF
א	ז	ו	ג	י	YUD
ט	ה	כּ	ח	ד	CHET
בּ	ה	ג	כּ	ט	BET
ח	י	ז	ו	בּ	VAV
ד	ב	ה	ט	ח	HAY
ז	ג	א	ד	ו	ZAYIN

Chaf כ ך

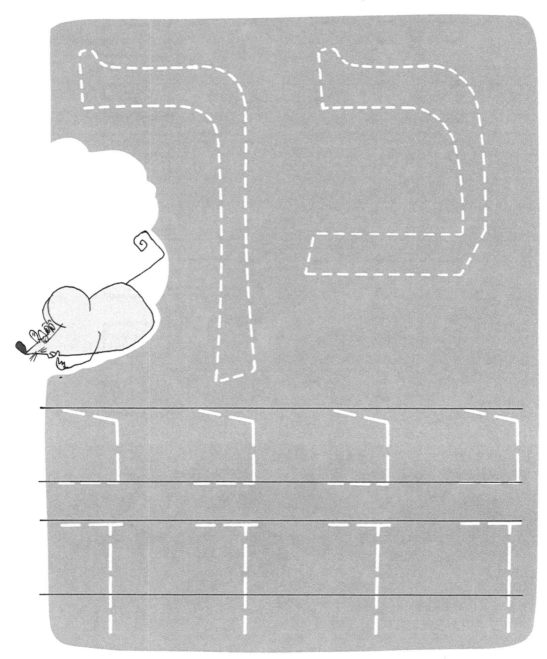

Circle the letters that are the same as the letter in the box.

ג	ב	ו	ג	ד	ג	י
כ	ב	כ	כּ	כ	בּ	ז
ה	א	ח	ה	ה	כ	ג
כּ	כּ	ב	בּ	כ	ו	כּ
ך	ו	ך	ד	ג	ך	ז
ז	ה	ו	ז	י	ז	א
ד	ו	ב	ד	ך	ד	ה
ח	ח	א	בּ	ה	ח	ט
ו	י	ז	ו	ך	ג	ו
ט	ט	א	ב	ט	ג	ד

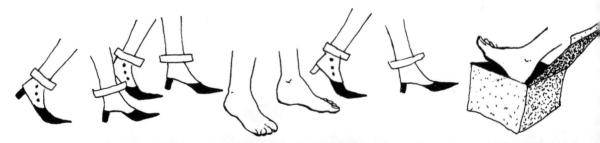

Connect the letters that sound the same.

כ
ו ז
ב

כ
ך בּ
ד

ב
ח כ
א

בּ
ב ה
ו

ד
כ ז
ך

ה
ך ג
ח

Say the name of each Hebrew letter.

א בּ ב ג ד ה ו ז ח ט י כּ כ ך

Say the name of each missing letter.

בּ ב ג ___ ו ז י ___ כ

ג ___ ה ___ ז ח ט ___ כּ

י כּ ___ ___ בּ ב ו ___ ח

Practice saying the first thirteen letters of
the alef bet bet in the correct order.
Can you recite them without looking at the book?

Connect the dots in the correct alef bet order.

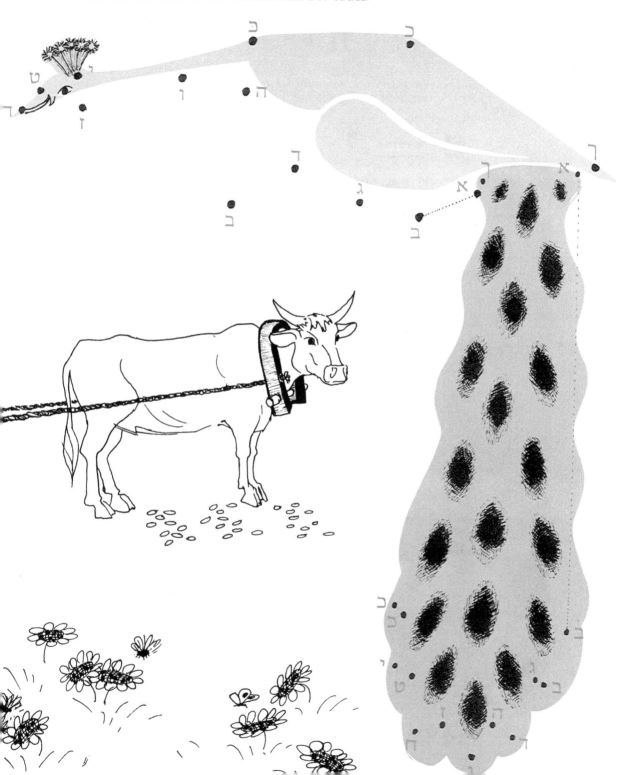

Lamed ל

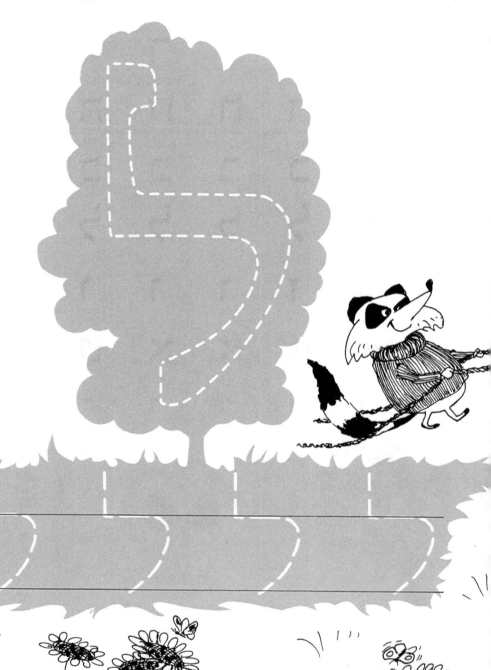

One letter on each line does not belong.
Circle the letter that is different.

כּ כּ כּ כּ כּ בּ כּ כּ

ד ד ד ך ד ד ד ד

ח ח ה ח ח ח ח ח

כ כ כ כ ב כ כ כ

ל ל ל ל ל ל ד ל

ו ו ו ו ו ז ו ו

א א ט א א א א א

י י י י י י ן י

Circle the Hebrew letters that make the sound of the English letter in the box.

ד	א	ד	ל	ך	ד	D
כּ	כּ	ה	בּ	כּ	כ	K
בּ	כּ	בּ	ב	כ	בּ	B
ז	ל	ל	ג	ל	ך	L
ב	ב	כ	ו	י	ו	V
ט	ח	ה	ט	ד	ט	T
ז	ג	ג	א	ו	ג	G
ה	י	ה	ח	ה	ל	H

Connect the name to the letter.

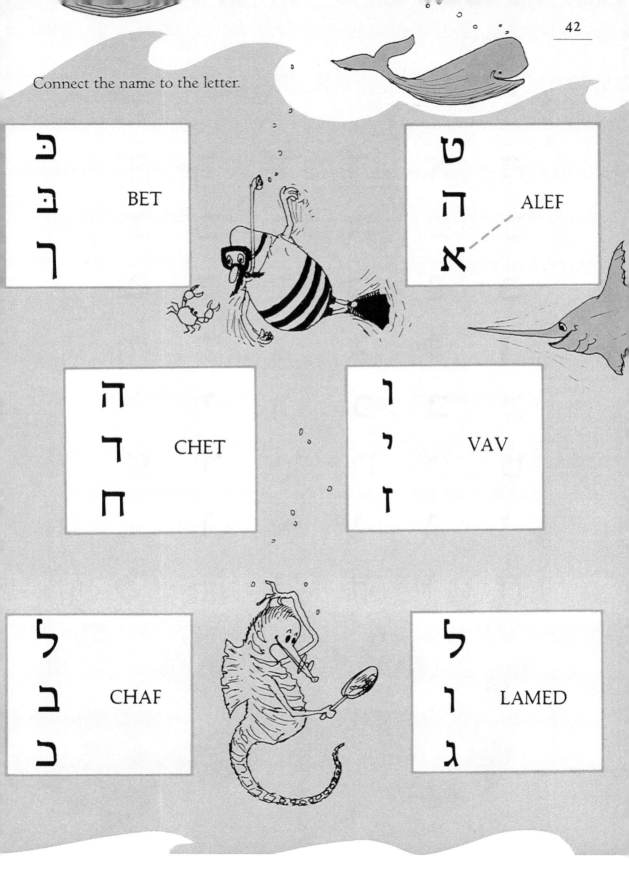

כּ
בּ
ך
BET

ט
ה
א
ALEF

ה
ד
ח
CHET

ו
י
ז
VAV

ל
ב
כ
CHAF

ל
ו
ג
LAMED

Mem מ ם

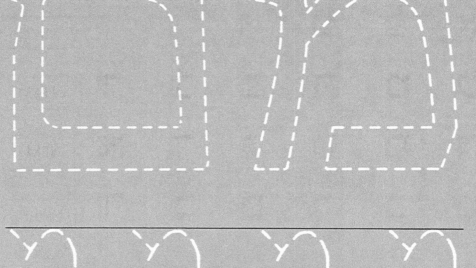

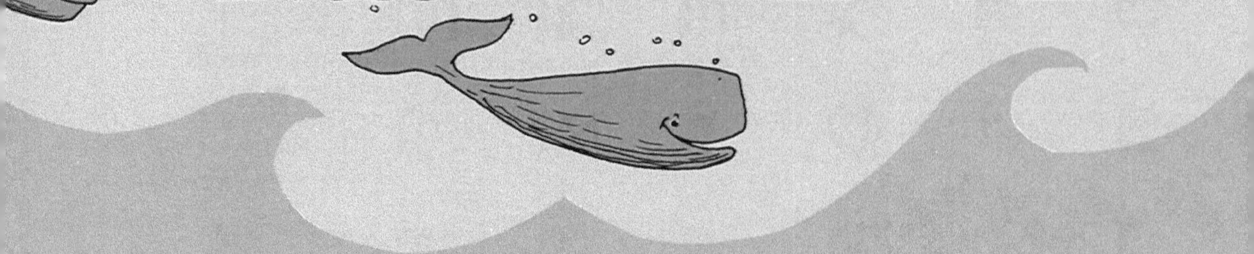

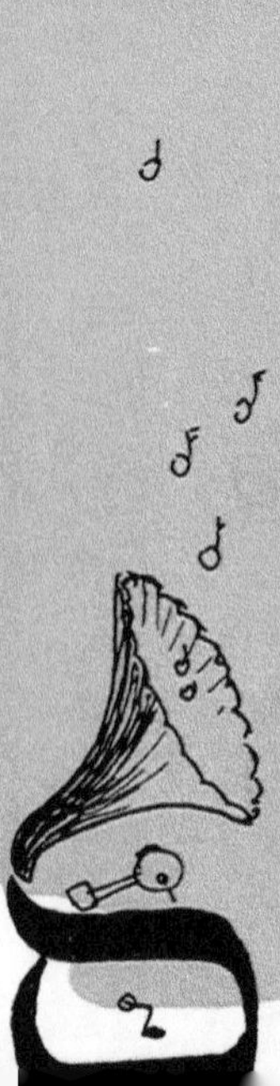

Circle the Hebrew letter whose name is in the box.

כ	ד	ג	ה	ב	ח	HAY
כּ	י	ט	ז	א	ו	ALEF
ג	ל	בּ	ו	כ	ך	LAMED
ו	מ	ז	א	ה	ט	MEM
א	כּ	בּ	ו	ז	י	BET
ט	מ	ה	ב	כ	ל	CHAF
ה	ם	ט	ג	ד	א	MEM
מ	ב	ך	ם	כּ	ד	DALET

Circle the English letter that has the sound of the Hebrew letter in the box.

K		B
	כּ	
T		V

K		Y
	י	
V		G

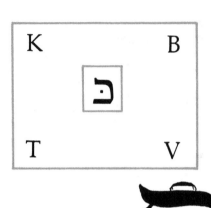

M		T
	מ	
V		D

Z		G
	ל	
D		L

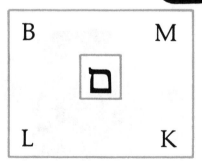

M		V
	ז	
Z		G

B		M
	ם	
L		K

Two letters on each line are the same.
Circle the twins.

1 ו מ ל א ל ט ז

2 כּ ו ב ך ד ך ח

3 ז כּ בּ כּ א כ ד

4 י ז ך ו י ל ה

5 ד ה ח ם ט ח מ

6 ט מ ח מ ד א ב

7 כ ט ם ב ם ד ג

8 א כ ל ט מ ט ם

Nun נ ן

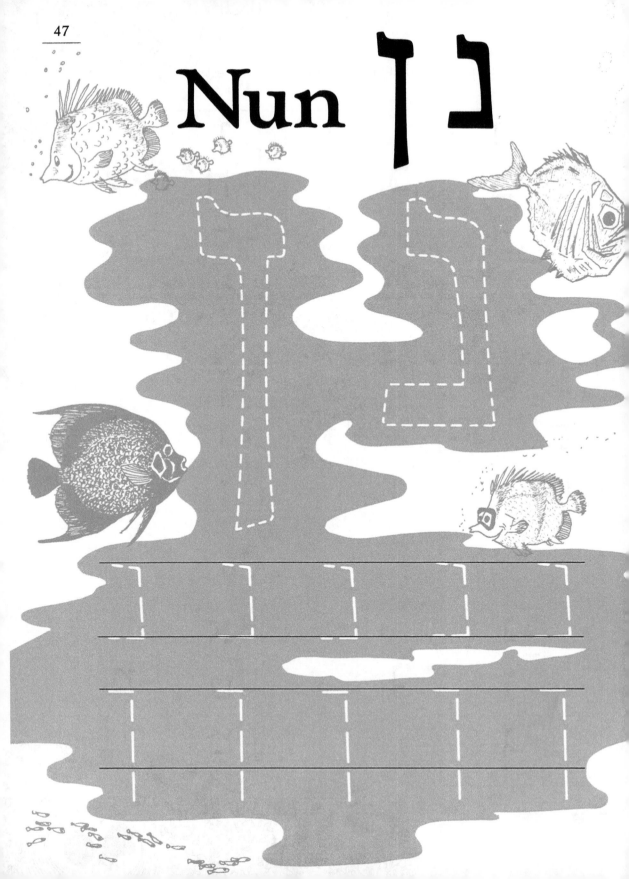

Connect the letters that are the same.

ד	
ב	כ
כ	

י	
ה	ל
ל	

נ	
ס	ס
ח	

ז	
ו	ז
ז	

נ	
ו	נ
ג	

א	
ט	מ
מ	

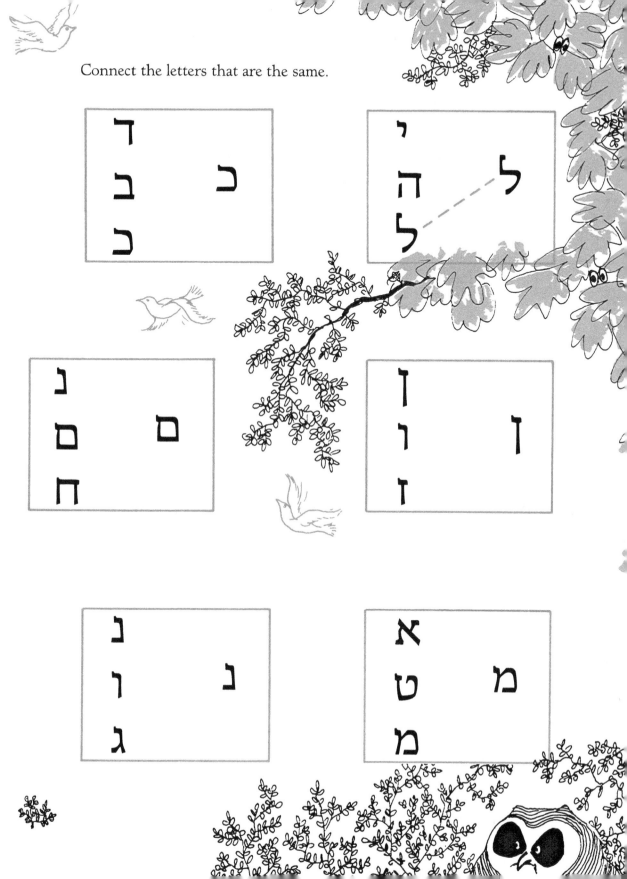

Two letters on each line sound the same.
Circle them.

1	כ	ב	נ	ח	ה
2	בּ	מ	א	ד	ם
3	ג	ו	נ	ז	ן
4	ך	ד	כ	ב	ל
5	י	ב	ן	ג	ו

Say the name of each Hebrew letter.

א בּ ב ג ד ה ו ז ח ט י כּ כ ך ל מ ם נ ן

Connect the dots in the correct alef bet order.

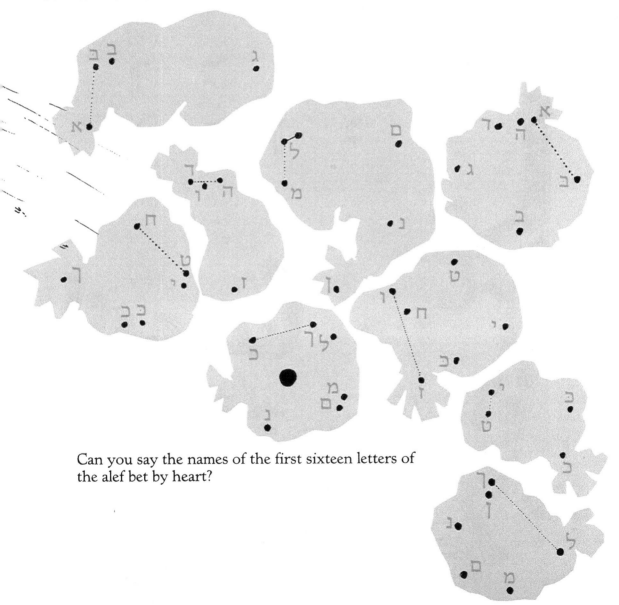

Can you say the names of the first sixteen letters of the alef bet by heart?

Samech ס

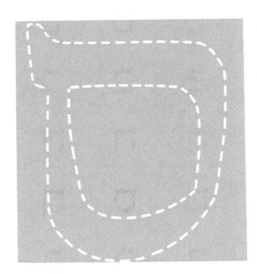

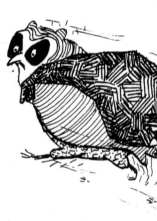

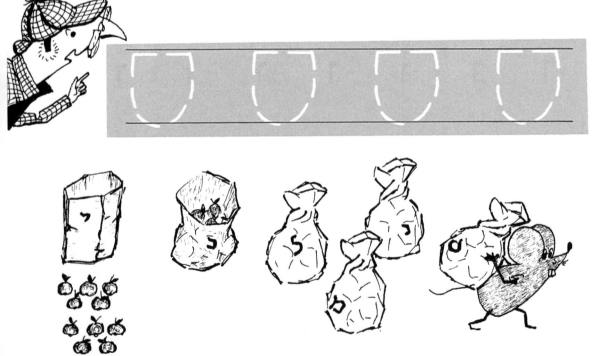

One letter on each line does not belong.
Circle the letter that is different.

1 נ נ ג נ נ נ נ

2 ס ס ס ס ס ם ס

3 ב ב ב ב כ ב ב

4 ה ה ה ה ה ח ה

5 ם ם ם ס ם ם ם

6 כּ כּ כּ בּ כּ כּ כּ

7 ז ז ז ז ו ז ז

8 ו ו ו ו ו נ ו

Circle the letters that are the same as the letter in the box.

מ ח כ ס מ מ ט מ

ס ב ס ם ט ס ס א

ז ז ו ז ג י ך ז

ל ד ל בּ ל ל ה ז

ך כּ ך ד ז ך ב ך

ח ח מ ח ח ה נ כ

ג ו ג נ כ ג ס ג

בּ בּ כּ ס בּ ב מ בּ

י ו י י ן י א ז

Circle the English letter with the sound of the Hebrew letter in the box.

B	G	(N)	M	V	נ	1
Y	S	M	T	N	ס	2
H	K	V	B	D	בּ	3
L	G	Z	N	V	ו	4
G	M	S	H	L	מ	5
T	S	N	K	M	ט	6
L	Y	V	K	B	כּ	7
Z	G	N	D	H	ג	8

Ayin ע

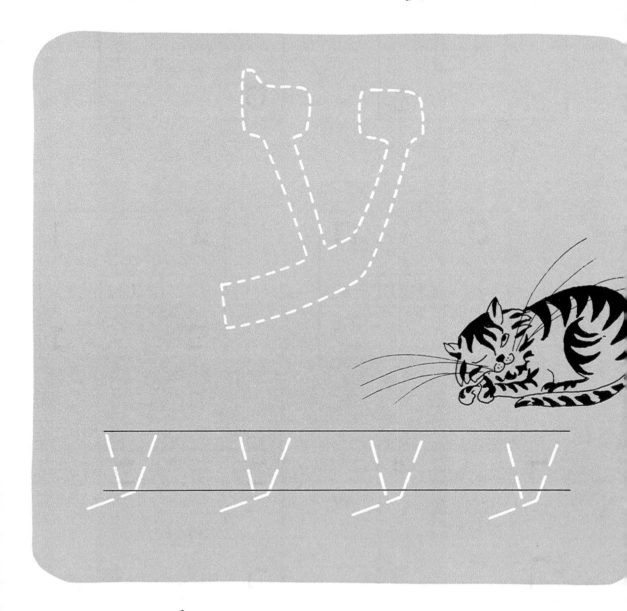

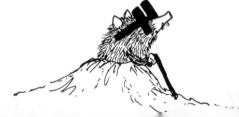

Circle the Hebrew letter whose name is in the box.

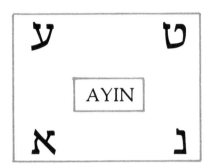

ע		ט
	AYIN	
א		נ

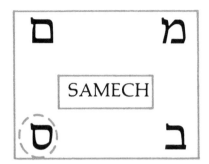

ם		מ
	SAMECH	
ס		ב

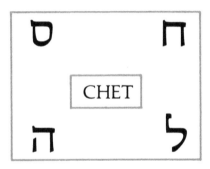

ס		ח
	CHET	
ה		ל

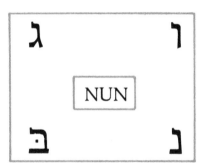

ג		ו
	NUN	
בּ		נ

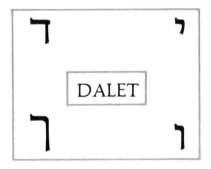

ד		י
	DALET	
ך		ו

ב		כּ
	CHAF	
כ		ז

Circle the Hebrew letter that has the saying sound of the English letter in the box.

ז	י	(ב)	בּ	כ	V
ה	ע	כ	ס	ם	S
נ	כּ	ז	ג	ב	N
ן	ו	א	ד	ל	L
ס	מ	ע	ט	א	M
כּ	ל	ח	בּ	ה	K
ך	מ	ד	ט	ע	T
ם	בּ	ג	כּ	ב	B

Pay פּ

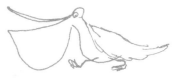

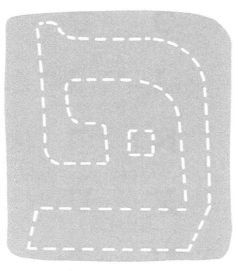

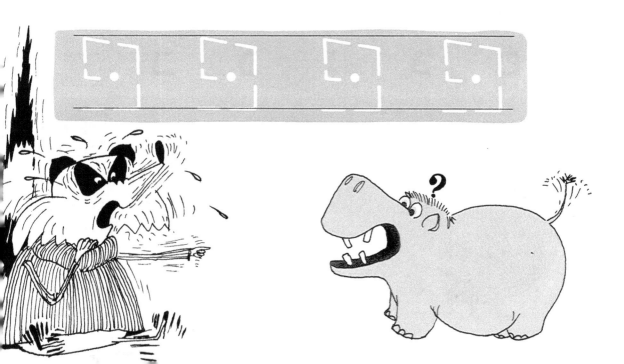

Two letters on each line are the same.
Circle the twins.

1 ע כּ בּ כּ ח ס פּ

2 בּ כּ פּ ע ט פּ א

3 כּ בּ ד בּ פּ ב ט

4 ה ס כ ב ג כ ז

5 ן ך ח ה ד ה פּ

6 ו ז בּ ג ז נ י

7 א מ ע ט ל ע ב

8 ס ב ם ס מ פּ בּ

Circle the English letter with the sound of the Hebrew letter in the box.

N	Z	T	V	M	ט	1
G	K	P	B	T	פּ	2
D	V	G	S	M	ס	3
T	N	H	G	Z	נ	4
N	L	M	K	S	מ	5
S	K	P	B	G	כּ	6
H	D	Y	Z	V	ה	7
T	P	B	K	D	ד	8

Connect the name to the letter.

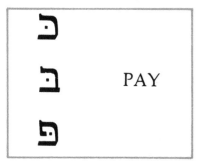

כּ בּ פּ	PAY

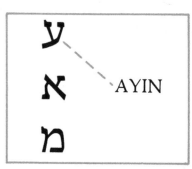

ע א מ	AYIN

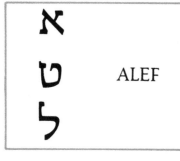

א ט ל	ALEF

ג כ ב	CHAF

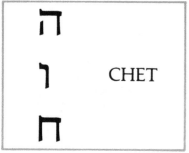

ה ו ח	CHET

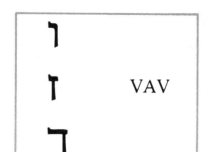

ו ז ד	VAV

Fay פ ף

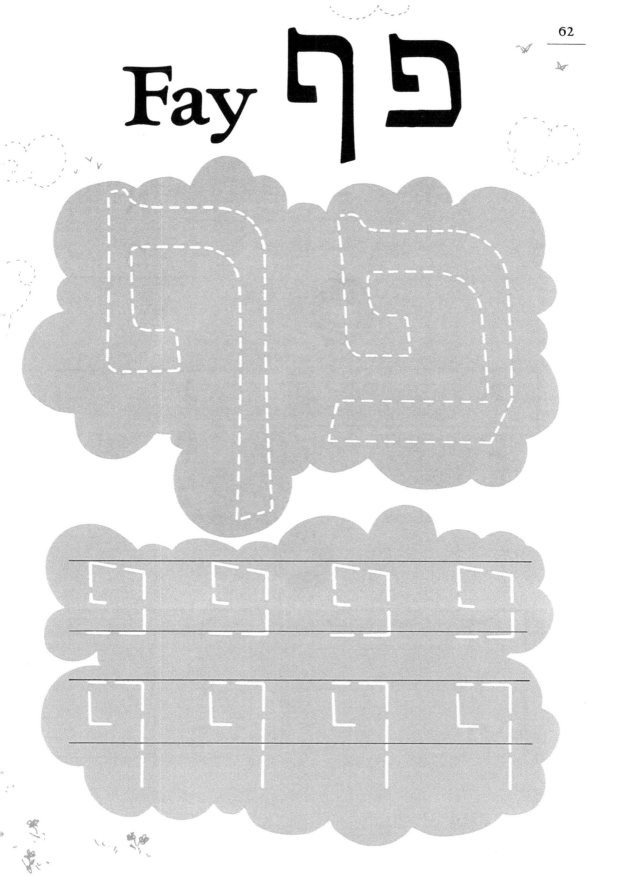

Connect the letters that are the same.

א	א
פּ	פ
פ	פּ

ט	מ
ע	ט
מ	ע

ך	ף
ד	ך
ף	ד

ב	ס
ס	ב
ם	ם

Circle the Hebrew letter with the saying sound of the English letter in the box.

ך		ף
	F	
ד		א

ה		ח
	H	
ם		ד

ו		ג
	N	
נ		ז

כּ		ל
	P	
בּ		פּ

פ		ב
	F	
י		כ

ס		מ
	M	
ע		ט

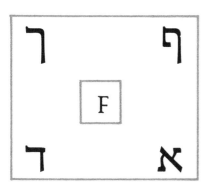

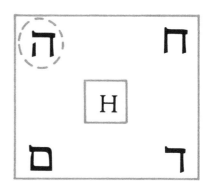

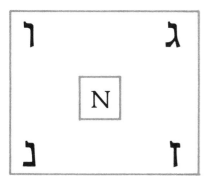

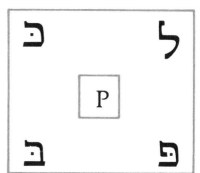

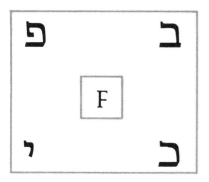

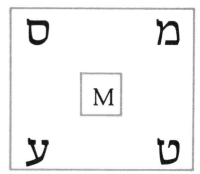

Say the name of each Hebrew letter.

א בּ ב ג ד ה ו ז ח ט י כּ כ ך ל מ ם נ ן
ס ע פּ פ ף

Connect the dots in the correct alef bet order.

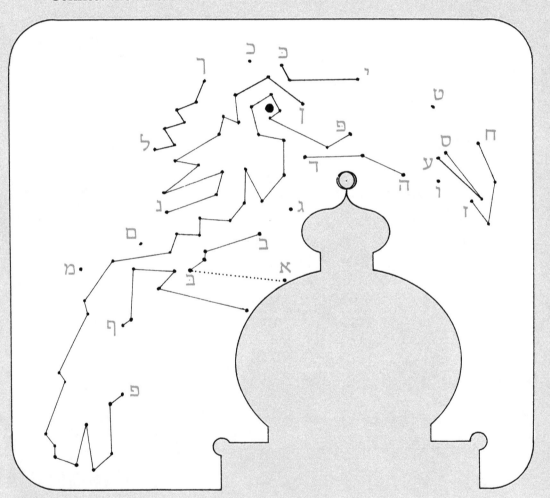

Can you say the name of the first twenty letters of the alef bet by heart?

Tsadee ץ צ

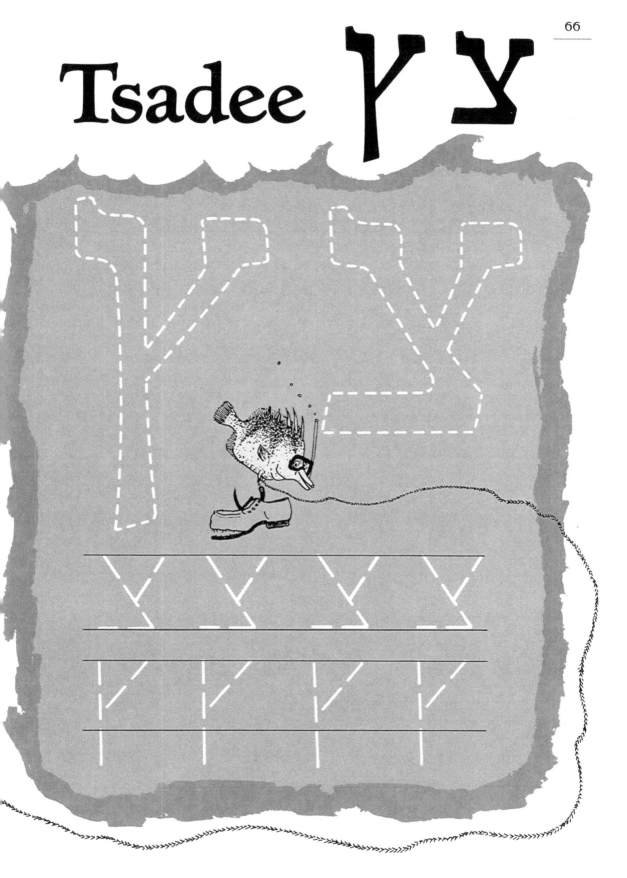

Circle the letters that are the same as the letter in the box.

[פ] ס פ מ פ ב פ כ פ

[צ] ע צ א צ ט צ מ צ

[ע] ע צ ע ע ט ע א ץ

[ז] ג ז ז ו ז ד ז י

[ה] ע ה ח ה ה צ פ ה

[בּ] בּ כּ בּ פּ בּ ב ל בּ

[ג] ו ג ג נ ג ף כ ג

[ס] ם ס מ ס ע ס צ ס

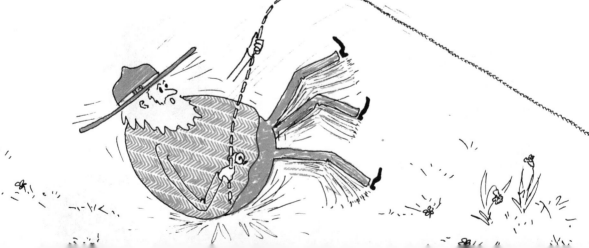

Circle the Hebrew letter whose name is in the box.

ה	ף	ל	ז	ו	י	ZAYIN
ס	ט	ע	מ	צ	א	TSADEE
ל	פּ	כּ	ב	פ	כ	CHAF
ך	ח	ט	ו	ה	ב	CHET
כּ	ז	ד	בּ	פ	ב	FAY
ט	ץ	ך	ן	ם	ע	TSADEE
י	ו	ג	ז	בּ	ד	VAV
נ	מ	י	צ	ג	א	NUN

Connect each letter to its final form.

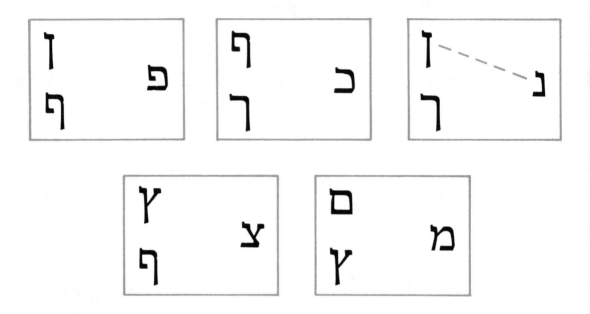

ן	
	פ
ף	

ף	
	כ
ך	

ן	
	נ
ך	

ץ	
	צ
ף	

ם	
	מ
ץ	

Connect each final letter to its partner.

נ	
	ן
ג	

מ	
	ם
ט	

כ	
	ף
פ	

ב	
	ך
כ	

צ	
	ץ
ע	

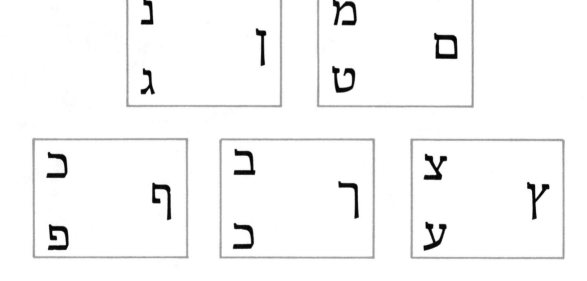

Koof ק

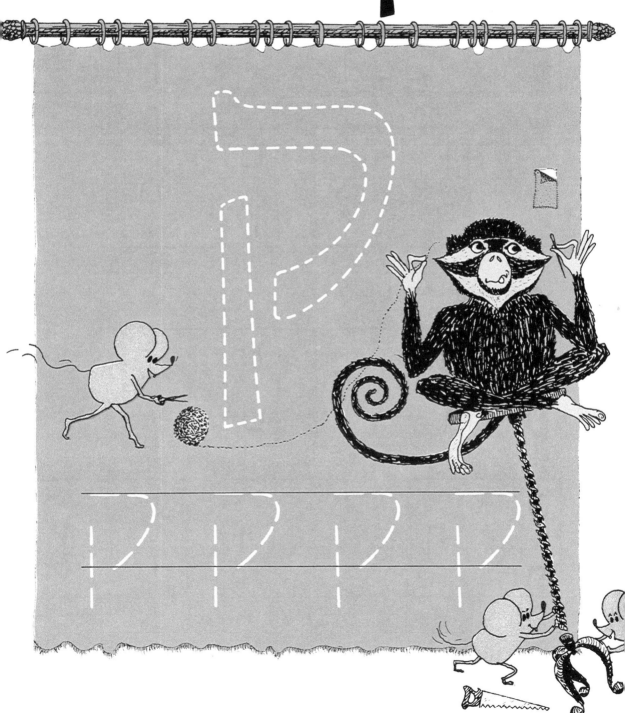

Circle the Hebrew letter whose name is in the box.

כ	ק
KOOF	
ז	ח

נ	ו
GIMMEL	
י	ג

צ	א
TSADEE	
ע	מ

ב	ד
CHAF	
כ	ה

ד	ע
AYIN	
ט	צ

ס	פּ
PAY	
כּ	בּ

Circle the Hebrew letter with the sound of the English letter in the box.

ם	בּ	י	מ	ט	א	M
כ	ו	פ	ב	ף	ך	F
ק	מ	ץ	ס	צ	ע	TS
צ	י	ק	ח	כּ	בּ	K
ל	ט	ה	ז	א	ד	Z
פּ	ד	ב	כ	י	ו	V
ע	ח	בּ	ה	ג	נ	G
ן	ג	נ	ל	ז	ס	N

Two letters on each line sound the same.
Circle them.

ד	(כּ)	ט	בּ	(ק)	ח	1
ם	ס	ז	מ	ט	ד	2
ו	כּ	ה	ב	כ	ג	3
ק	נ	א	צ	י	ע	4
כ	ף	ס	ח	ז	ק	5
ן	ו	נ	ג	ע	י	6
ף	צ	כ	פּ	ב	פ	7
ל	מ	ץ	בּ	צ	ע	8
ך	א	ו	כ	ד	ב	9

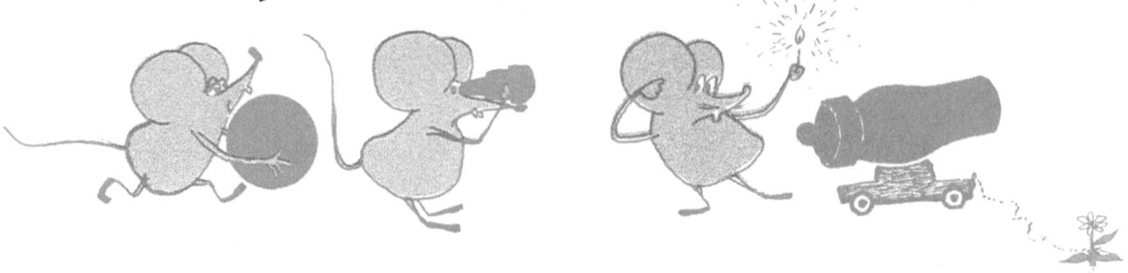

Resh ר

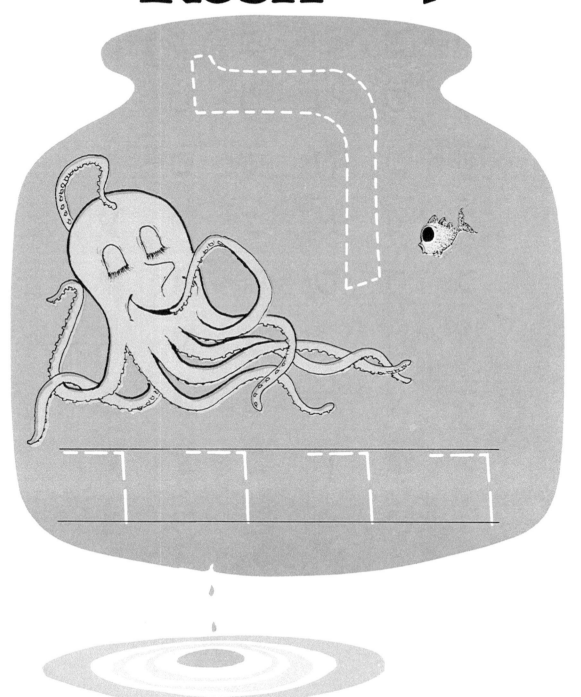

Two letters on each line are the same.
Circle the twins.

א מ ט ע ט צ 1

פ ר מ כ ד ר 2

ד ח ה ח ק ז 3

מ ט צ ע א צ 4

פּ כּ בּ כּ כ ב 5

ר פ בּ כ ב ב 6

י ג ק ג נ ו 7

ם ר ס מ פ ס 8

Circle the English letter with the sound of
the Hebrew letter in the box.

(F)	B	H	M	L	ף 1
Z	R	K	B	M	ק 2
N	Y	V	R	D	ר 3
R	S	M	G	L	ס 4
M	Z	H	S	T	מ 5
P	V	B	K	S	כּ 6
R	F	Y	V	N	י 7
T	F	M	K	P	ט 8

Say the name of each Hebrew letter.

א בּ ב ג ד ה ו ז ח ט י כּ כ ך ל

מ ם נ ן ס ע פּ פ ף צ ץ ק ר

Connect the dots in the correct alef bet order.

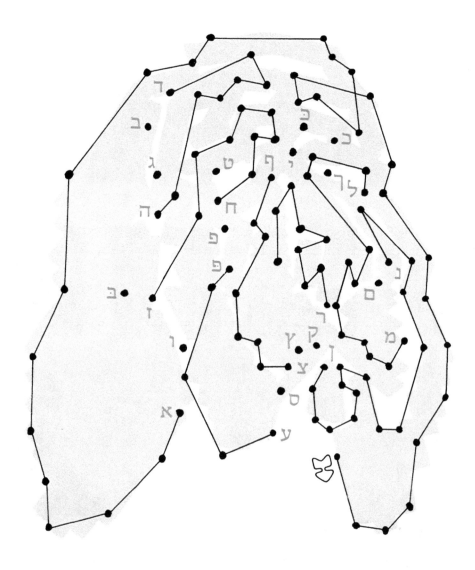

Shin שׁ

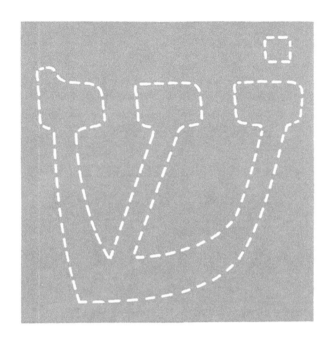

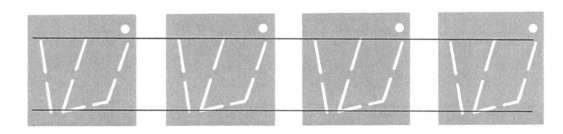

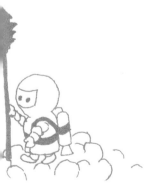

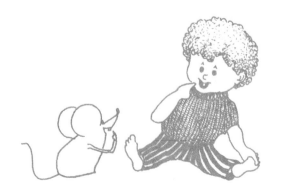

Two letters in each box are the same.
Connect the matching letters.

ך	פּ
בּ	פ
פ	ב

ק	א
ג	ל
א	ז

ע	מ
צ	ע
כּ	שׁ

ד	כ
ב	ה
כ	ח

מ	ר
ב	ס
ר	ד

ו	שׁ
ט	י
שׁ	נ

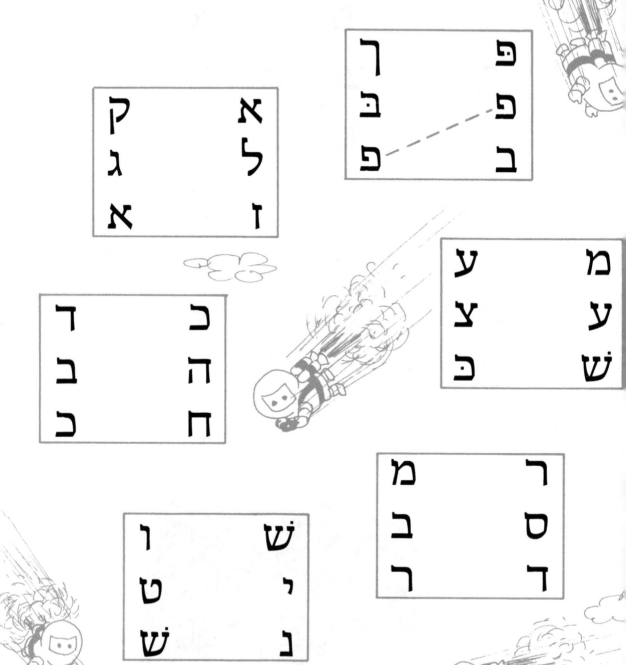

Circle the Hebrew letter whose name is in the box.

ם	שׁ	בּ	פּ	כּ	א	BET
י	ך	ה	שׁ	ח	ב	CHET
ג	ר	מ	ס	ט	נ	MEM
בּ	צ	פּ	שׁ	ה	ק	SHIN
ק	ר	ב	ד	ו	פּ	RESH
ג	ס	ע	ט	א	צ	ALEF
ל	כּ	ק	בּ	ג	י	KOOF
ט	ז	מ	ב	ד	ע	TET

Circle the Hebrew letter with the sound of the English letter in the box.

ו		נ
	V	
י		ג

ף		ץ
	F	
ך		ז

ר		ד
	R	
ט		ז

כּ		פּ
	SH	
שׁ		בּ

ף		ץ
	TS	
ך		ז

א		כ
	K	
ה		ק

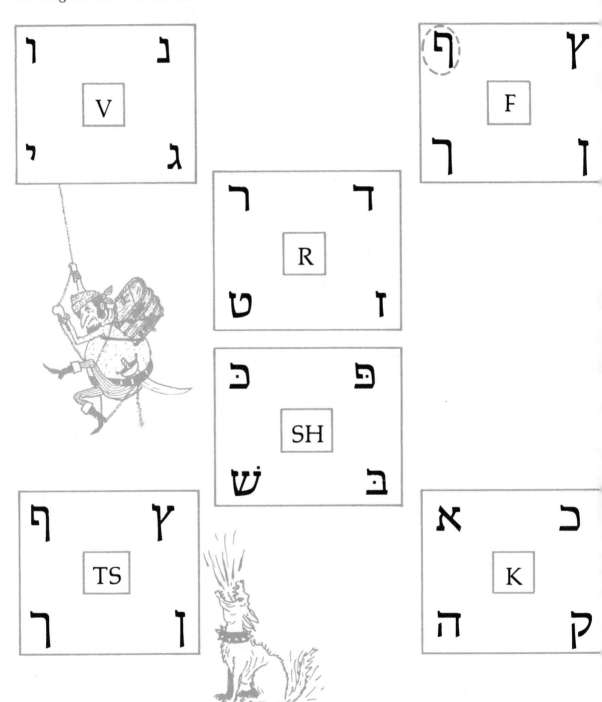

Sin שׂ

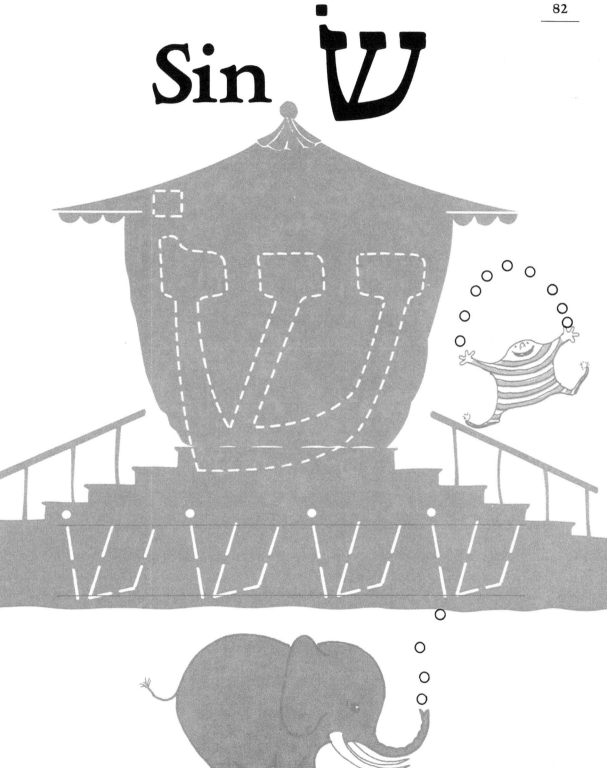

One letter one each line is different.
Circle the letter that does not belong.

ד ד ר ד ד ד ד ד 1

צ צ צ צ צ ע צ צ 2

שׁ שׁ שׁ שׁ שׁ שׁ שׂ שׁ 3

ס ם ס ס ס ס ס ס 4

ז ז ז ז ז ו ז ז 5

שׂ שׂ שׁ שׂ שׂ שׂ שׂ שׂ 6

ע ע ע ע ע ע צ ע 7

כּ כּ כּ בּ כּ כּ כּ כּ 8

ג ג ג ג ג ג ג נ 9

ח ח ה ח ח ח ח ח 10

Connect the letters that are the same.

נ	
ו	ג
ג	

צ	
ע	צ
ט	

פּ	
שׁ	שׁ
שׂ	

בּ	
שׁ	שׂ
שׂ	

ק	
ד	ר
ר	

ה	
ח	ה
ס	

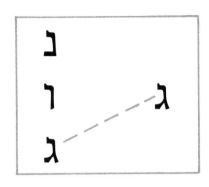

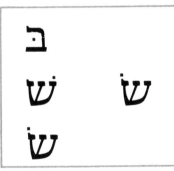

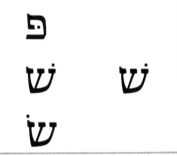

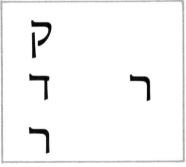

Add the dots to make the Hebrew letter have the sound of the English letter in the box.

כ	כ	כ	כ	כ	כ	K	1
ש	ש	ש	ש	ש	ש	SH	2
ב	ב	ב	ב	ב	ב	B	3
ש	ש	ש	ש	ש	ש	S	4
פ	פ	פ	פ	פ	פ	P	5

Tav תּ ת

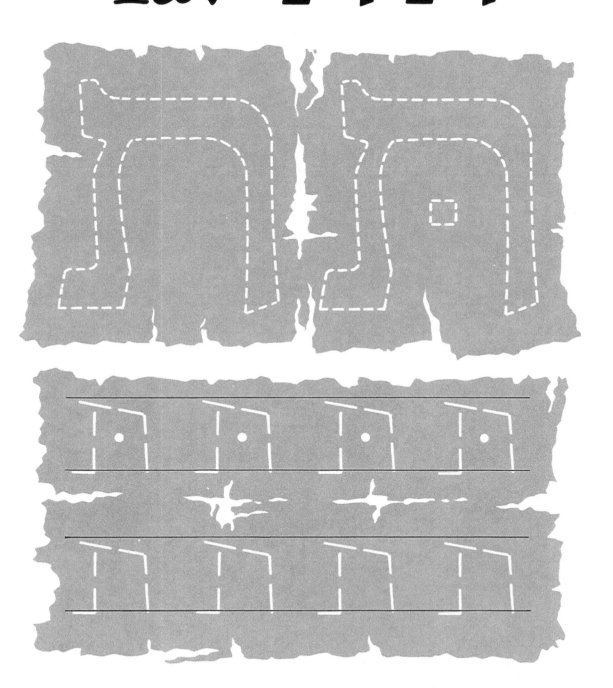

Two letters on each line sound the same.
Find and circle them.

1	ה	כ	ב	ח	א	ג	ז
2	צ	א	מ	ע	נ	ת	ח
3	בּ	ח	תּ	ב	ת	ה	ו
4	שׂ	ג	ד	ס	שׁ	ז	י
5	י	א	ץ	בּ	כ	ב	צ
6	תּ	שׁ	מ	ט	צ	ך	ק
7	שׂ	ר	ע	ק	ד	בּ	כּ
8	ו	פ	ג	ך	ף	נ	ת

Two letters one each line are the same.
Circle the twins.

ט	א	ע	מ	צ	ע	ג	1
כ	ת	ב	ח	ת	ה	ד	2
ר	ז	ו	ג	ר	ד	א	3
ל	כּ	ט	שׁ	בּ	שׂ	שׁ	4
ח	מ	ה	ב	ט	מ	כ	5
נ	פ	כּ	פּ	כּ	בּ	ק	6
ט	ס	ב	ם	מ	ס	ח	7
ל	ג	ו	נ	ג	ז	י	8

Can you say the name of all of the letters in the
alef bet without looking at the book?

Congratulations!

Say the name of each Hebrew letter.

א בּ ב ג ד ה ו ז ח ט י כּ כ ך ל מ ם

נ ן ס ע פּ פ ף צ ץ ק ר שׁ שׂ תּ ת

Connect the dots in the correct alef bet order.

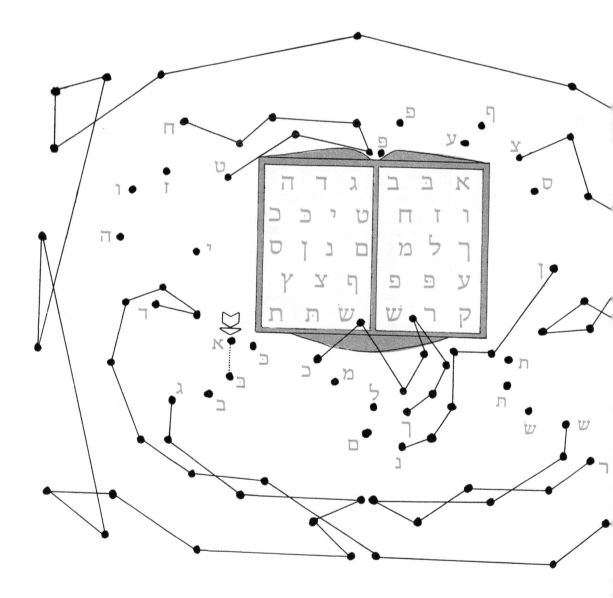

HART

א בּ ב ג

ח ט י כּ

ם נ ן ס

צ ץ ק ר

ד ה ו ז

כ ך ל מ

ע פּ פ ף

ש שׂ תּ ת

א בּ ב ג

ח ט י כּ

ם נ ן ס

צ ץ ק ר

ד ה ו ז

כ ך ל מ

ע פּ פ ף

שׁ שׂ תּ ת

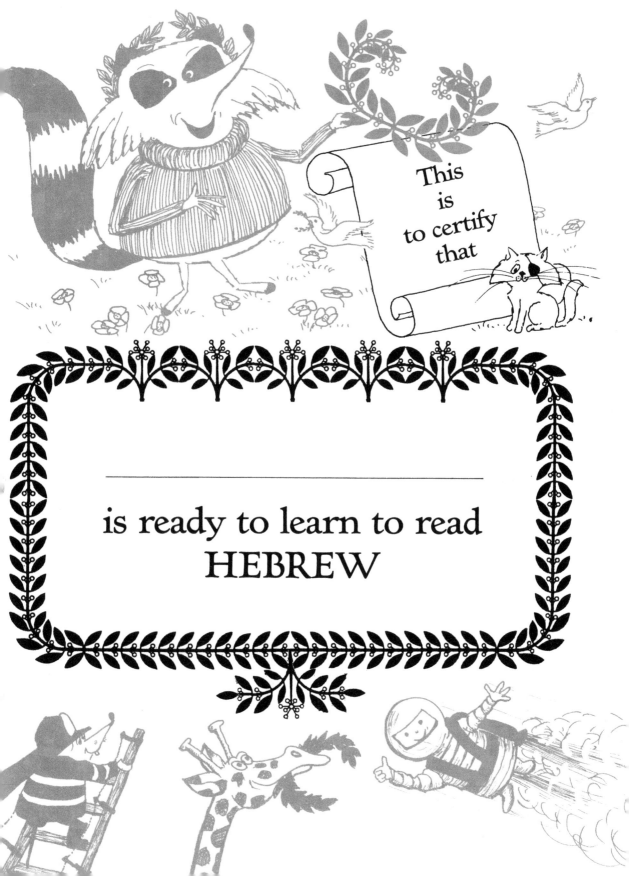

This
is
to certify
that

_____

is ready to learn to read
HEBREW

T0143733

Printed in the USA
CPSIA information can be obtained
at www.ICGtesting.com
JSHW052019140824
68134JS00027B/2550

9 780874 414394